Gairdín
an Ollaimh

Peadar Ó Cualáin

LEABHAR
BREAC

Indreabhán, Co. na Gaillimhe
www.leabharbreac.com

An Chéad Eagrán 1999
An Dara hEagrán 2010
© Leabhar Breac 2010

ISBN 978-0-898332-51-3

Ealaín: Darach Ó Scolaí
Dearadh agus clóchur: Caomhán Ó Scolaí

Foras na Gaeilge
Tugann Foras na Gaeilge cúnamh airgid do Leabhar Breac

Arna phriontáil ag
Clódóirí Lurgan Tta, Indreabhán, Co. na Gaillimhe

Clár na gCaibidlí

1

An Reithe

Tráthnóna Déardaoin a chonaic mé an reithe. I Sráid Aibhistín a bhí mé, ag dul ó theach go teach leis na páipéir nuachta mar a dhéanaim gach Déardaoin tar éis na scoile, nuair a chonaic mé an t-ainmhí mór adharcach ina sheasamh i gceartlár na sráide os mo chomhair amach agus a dhá shúil aige orm. Rinneadh staic díom. D'fhan mé ansin gan cor asam, ansin bhreathnaigh mé i mo thimpeall ag féachaint an raibh duine ar bith in aice liom. Ní raibh deoraí

ar an tsráid. Bhí sé ag éirí dorcha agus bhí na soilse lasta sna tithe ar dhá thaobh an bhóthair. D'iompaigh an reithe timpeall agus d'imigh leis de shiúl síos an tsráid. Lean mé go bun na sráide é, ag coinneáil siar go maith uaidh ar fhaitíos na bhfaitíos. Chas sé faoi chlé suas Bóthar Naomh Iósaf agus d'imigh de rith uaim.

Ag am suipéir an oíche sin, d'inis mé an scéal do mo mháthair.

'Reithe?' ar sí go hamhrasach. 'Caora anseo i lár an bhaile? An bhfuil tú cinnte nach madra a bhí ann — madra mór bán cosúil leis an gceann atá ag d'aintín?'

Bhí a fhios agam go maith cén difríocht a bhí idir madra agus reithe. Shocraigh mé i m'intinn nach ndéarfainn tada eile faoi, ach go ngabhfainn ar thóir an reithe arís nuair a bheadh an deis agam.

2
Scéal Sheáinín

Bhí dearmad déanta agam ar an scéal go dtí gur chuala mé caint ar an reithe an Domhnach dár gcionn. Bhí mé ag spraoi leis an madra beag, Cleasaí, taobh amuigh de thigh Chonaire i mbéal dorais nuair a tháinig Bean Uí Chonaire amach le cúpla cnámh dó. D'iarr sí orm fios a chur ar a fear céile a bhí ag imirt cártaí i dteach tábhairne an Tobair. Chuala mé ceol na feadóige sular tháinig mé chomh fada le doras an tí tábhairne ar chor ar bith. Bhí an ceol stoptha faoin am a ndeachaigh mé isteach. Bhí sé dorcha agus bhí gal tobac san aer. Ní ag imirt cártaí a bhí Tomás Ó Conaire, ach ina shuí ag an gcuntar i mbun comhrá leis na fir eile. Bhreathnaigh mé timpeall go bhfeicfinn an ceoltóir. Bhrúigh seanfhear tharam ar a bhealach amach agus chonaic mé an fheadóg ag gobadh aníos as a phóca. Bhí cuma an chantail air agus é ag caint leis féin agus an doras á bhrú amach aige. Bhí boladh an phórtair air.

'A mhic Uí Chonaire,' arsa mise le Tomás, 'tá do dhinnéar réidh.'

'A Mhártain,' ar seisean go sásta, 'chonaic tusa an chaora, nach bhfaca?'

Sula raibh deis agam é a fhreagairt sháigh fearín beag maol a ladar sa scéal.

'Caora? Diabhal caora ná caora, ach reithe mór millteach bréan a bhfuil adharca cama géara air agus súile buile ina cheann!'

'Bhuail sé rop sa tóin ar Sheáinín,' arsa Tomás Ó Conaire agus é ag gáire, 'agus níl an fear bocht tagtha chuige féin fós!'

'Nár leag sé ar an gcosán mé!' arsa an fear maol. 'Agus nuair a d'éirigh mé le himeacht uaidh thug sé an dara ropadh dom. B'éigean dom luí ar an talamh, mo bhéal fúm, agus ligean orm féin go raibh mé marbh.'

Bhí na fir ag teannadh isteach leis an scéal a chloisteáil.

'Chuaigh sé ag smúrthaíl thart timpeall orm ansin, agus nuair a bhí sé sásta go raibh mé sínte fuar marbh níor bhac sé liom níos mó. D'fhan mé mar sin gan cor asam ag súil go n-imeodh sé ionas go bhféadfainn éirí agus imeacht de rith uaidh. Ach d'fhan sé ina sheasamh le m'ais agus b'éigean domsa fanacht mar a raibh mé, sínte ar an tsráid gan cor asam agus boladh bréan an reithe i mo pholláirí.'

'Céard a rinne tú ansin?' arsa an fear ramhar a bhí ar chúl an chuntair.

'Faoi dheireadh chuala mé coiscéimeanna ag teacht chugam agus thug mé súil siar thar mo leiceann go bhfaca mé an Garda ag teacht anuas an bóthar chugam.'

'An Garda Ó Máille?'

'An Garda Ó Máille! Seo é mo sheans, arsa mise liom féin. D'éirigh mé agus d'imigh mé de rith chomh sciobtha agus a bhí mé in ann. Ach má rith féin, bhí an reithe te sna sála orm, a cheann faoi aige agus é ag iarraidh ropadh eile dá adharca a thabhairt dom. Fuair mé greim ar a adharca air agus thosaigh mé ag glaoch ar an nGarda. Tháinig an Garda chugam agus d'iarr mé air greim a bhreith ar adharca an reithe go dtí go bhfaighinn rópa lena cheangal. Rinne sé rud orm. Rug sé greim ar adharca an reithe agus scaoil mise mo ghreimse. Chuir mé fainic ar an nGarda. "Ar ór na cruinne," arsa mise leis, "ná scaoil do ghreim air nó maróidh sé thú." Thuig sé an méid sin go maith. D'imigh mise liom de rith. Chuala mé an Garda ag glaoch i mo dhiaidh. "Ná bí i bhfad," ar sé. "Ná bí i bhfad nó scaoilfidh mé leis." "Ná déan! Ná déan!" arsa mise siar thar mo ghualainn leis, agus an gáire do mo thachtadh. Thug mé do na bonnacha é,' arsa an fearín beag maol, agus é ag gáire, 'agus táim anseo ó shin!'

Phléasc gáire mór i measc na bhfear. Chuimhnigh mé ar an reithe a chonaic mé, agus ar an nGarda bocht a bhí, b'fhéidir, fós i ngreim san ainmhí mór cantalach, agus tháinig trua agam dó. Ní raibh trua ar bith ag na fir dó. Choinnigh siad orthu ag insint agus ag athinsint an scéil agus iad lagaithe ag gáire. Thug mé an teachtaireacht a bhí agam do Thomás arís agus d'fhág mé slán acu.

3
An Gairdín

Nuair a tháinig mé amach as an teach tábhairne bhí an seancheoltóir ina sheasamh i lár na sráide agus ceathrar buachaillí ag rith agus ag pramsaíl ina thimpeall. Bhí an ceoltóir ag eascainí os ard. D'aithin mé an ceathrar, buachaillí ó Scoil Mhuire a bhí bliain nó dhó níos sine ná mé. Bhí duine acu i ngreim san fheadóg agus duine eile i ngreim i gcaipín an cheoltóra. Bhí an fheadóg á caitheamh ó dhuine go chéile acu, agus an ceoltóir ag

tornáil anonn is anall eatarthu, a dhá láimh sínte amach aige ag iarraidh greim a fháil uirthi, agus an dá chos ag imeacht uaidh. Thit an fheadóg ar an mbóthar. Sular fhéad duine ar bith í a thógáil thug an ceoltóir fogha faoi dhuine den cheathrar agus rith siad uaidh agus a chaipín á chaitheamh san aer acu. Lean sé síos an bóthar iad agus timpeall an choirnéil.

Ar fhaitíos go dtiocfadh na buachaillí ar ais agus go sciobfaidís an fheadóg rith mé go sciobtha trasna na sráide agus thóg mé den bhóthar í. Feadóigín bheag stáin a bhí inti agus gob dearg uirthi. Bhí sí i mo láimh agam nuair a chuala mé béic. Bhí duine de na buachaillí tagtha ar ais timpeall an choirnéil agus mise feicthe aige. Thug mé do na bonnacha é. Bhí mé in ann an ceathrar a chloisteáil ag teacht i mo dhiaidh. Bhí siad níos mó agus níos sciobtha ná mé. Bhreathnaigh mé faoi dheis agus faoi chlé ag cuardach áit éigin go bhféadainn éalú uathu. Bheadh thiar orm mura bhféadfainn dul i bhfolach orthu.

Chas mé faoi dheis ag bun na sráide agus d'imigh liom de rith síos Sráid Aibhistín. Ag bun na sráide sin bhí an chéad duine acu sna sála orm. D'iompaigh mé faoi chlé suas Bóthar Naomh Iósaf ansin agus mé ag rith le taobh an bhalla mhóir cloiche a bhí ar an gcoirnéal. Nuair a tháinig mé go dtí bearna sa bhalla dhreap mé suas go héasca. Sheas mé ar feadh soicind ar an mballa ag breathnú isteach sna crainn sa ghairdín. Teach an Ollaimh a thugamar air mar gur ann a bhí cónaí ar an Ollamh — fearín beag a raibh spéacláirí air agus a raibh teach agus gairdín mór aige. Bhí crainn úll sa ghairdín agus bhíodh gasúir na háite ag éalú isteach ann ag goid úll. Ba léir gur chuma leis an Ollamh mar nár bhain sé féin na húlla ar chor ar bith. Cé nach raibh mé in ann an teach a fheiceáil mar gheall ar na crainn a bhí sa bheal-ach, bhí eolas agam ar an áit. Bhí a fhios agam go raibh gairdín leathan féir ar an taobh eile de na crainn agus go raibh an teach mór taobh thiar de sin arís. Thug mé féachaint siar thar mo ghualainn ar an gceathrar a bhí ag teacht i mo dhiaidh aniar, ansin léim mé isteach sa ghairdín. Thit an fheadóg as mo láimh agus tháinig mé go trom anuas ar mo chosa. Gan bacadh leis an bhfeadóg, d'éirigh mé de léim agus d'imigh de rith i dtreo na gcrann. Bhí na buachaillí ag dreapadh an bhalla agus iad ag glaoch go bagrach orm. Chuala mé an chéad duine acu ag teacht de thuairt anuas ar an talamh.

4

Teach an Ollaimh

Nuair a bhain mé na crainn amach chrom mé láithreach isteach faoi sceach draighin ar thaobh an chosáin. Bhí an t-ádh orm. D'imigh an ceathrar de rith síos an cosán tharam agus gach uile liú astu.

D'fhan mé i mo luí faoin sceach agus mo chroí ag bualadh go tréan. Níor chorraigh mé go ceann píosa fada. D'éist mé leis na buachaillí ag glaoch agus ag fógairt ar a chéile, agus ar deireadh nuair nach raibh aon cheo le cloisteáil níos mó d'éirigh mé i mo sheasamh go mall, cúramach, agus bhreathnaigh mé i mo thimpeall.

Ar fhaitíos go mbeidís ag faire an bhalla shocraigh mé dul amach an geata, rud a chiallaigh go gcaithfinn éalú trí ghairdín an tí agus thar an teach féin, i nganfhios.

Lean mé an cosán tríd na crainn gur tháinig mé ar an bplásóg mhór ghlas a bhí ar aghaidh an tí. Sheas mé go gcaithfinn mo shúil ar an mbealach amach romham lena chinntiú nach raibh duine ar bith ann a d'fheicfeadh mé.

Teach mór liath a bhí i dteach an Ollaimh. Bhí eidhneán ag fás go tiubh ar an mbinn agus deatach ag éirí ón simléar. Scrúdaigh mé na fuinneoga móra dorcha a bhí ag breathnú amach ar an ngairdín

agus ar an gcrann mór pailme a bhí ina sheasamh ina aonar ina lár.

Ansin a chonaic mé é. Bhí an reithe ina sheasamh ag binn thoir an tí agus é ag ithe na mbláthanna. Bhí a fhios agam ansin go raibh poll folaigh an reithe aimsithe agam.

Rinne mé mo mhachnamh. Ar cheart dom an reithe a ruaigeadh as an ngairdín nó imeacht liom abhaile gan tada a rá?

Bhreathnaigh mé ar an reithe agus chuimhnigh mé ar an scéal a d'inis an fear taobh amuigh den Tobar. Rinne mé cur agus cúiteamh. Ansin shocraigh mé go n-inseoinn do mhuintir an tí go raibh an reithe ag ithe na mbláthanna orthu.

5

An tOllamh

Suas na céimeanna cloiche liom go dtí doras mór dearg an tí, d'ardaigh mé an cnagaire trom práis agus bhuail anuas é. Rinne sé torann bodhar.

An tOllamh féin a d'fhreagair an doras, fearín beag liath a raibh éadan lách air. Bhí sé feicthe cheana agam ag teacht is ag imeacht ón teach ar a rothar.

'A dhuine uasail,' ar sé liom, 'céard is féidir liom a dhéanamh duit?'

'Chonaic mé reithe,' arsa mise go

bréagach, 'ag dul isteach an geata. Tá sé anois ag ithe na mbláthanna sa ghairdín.'

Sula bhfuair an tOllamh deis freagra a thabhairt orm tháinig a bhean amach sa halla chugainn. Bean mhór ramhar a bhí inti a raibh péarlaí timpeall a muiníl aici agus dath fionn ar a cuid gruaige. Labhair sí go galánta.

'Céard é seo faoi reithe?' ar sí. 'An bhfuil an t-ainmhí bréan sin tagtha ar ais?'

'Níl,' arsa an tOllamh, agus a shúil á caochadh aige orm. 'Tá an fear uasal seo a rá liom go bhfaca sé an reithe sa ghairdín agus gur ruaig sé amach an geata é.'

Labhair sé liomsa, ansin. 'Nár ruaig?'

'Ruaig,' arsa mise, agus gan a fhios agam cé acu bréag ba mheasa, an chéad bhréag a d'inis mé, an dara bréag, nó an bhréag a d'inis an tOllamh.

'Tiocfaidh tú isteach agus ólfaidh tú braon tae linn,' arsa an tOllamh. 'Caithfidh mé do chuid oibre a chúiteamh leat. Gloine oráiste agus brioscaí, don bhuachaill maith seo, a stór.'

Bhreathnaigh an bhean go míshásta ar an Ollamh.

'Tá tóir rómhór agatsa ar na brioscaí céanna,' ar sí leis.

Ansin bhreathnaigh sí go sásta ormsa.

'Táim buíoch díot,' ar sí, 'is gearr go mbeidh gach uile bhláth sa ghairdín ite ag an diabhal.'

Sula raibh deis agam diúltú dóibh tugadh isteach tríd an halla mé go dtí an chistin agus cuireadh i mo shuí ag an mbord mé. Shuigh an tOllamh síos in éineacht liom.

6

Comhrá sa Leabharlann

Leag Bean an Ollaimh gloine oráiste agus pláta beag brioscaí seacláide ar an mbord romham.

'Seachain nach n-íosfaidh sé féin na brioscaí ort,' ar sí liom, agus súil amhrasach á caitheamh ar an Ollamh aici.

D'iarr an tOllamh orm cén t-ainm a bhí orm agus cé mba leis mé. Cé nach raibh aithne aige ar mo mháthair bhí eolas aige ar Shráid an Iarla. Agus muid ag caint, bhí mé in ann an gairdín a fheiceáil tríd an bhfuinneog ar a chúl.

Nuair a d'imigh a bhean as an gcistin tharraing mé anuas scéal an reithe arís. Gan tada a rá, thóg an tOllamh a raibh fanta de na brioscaí a bhí ar an bpláta, chuir isteach ina phóca iad, agus chomharthaigh sé dom teacht in éineacht leis. Lean mé amach as an gcistin é, ar ais go dtí an halla, agus isteach doras faoi chlé go dtí seomra mór a bhí lán go síleáil le leabhair. I lár an tseomra bhí cathaoir agus bord a bhí lán le tuilleadh leabhar. Cé is moite den spás a bhí ann don doras agus don dá fhuinneog, bhí na ballaí clúdaithe le leabhair. Bhí boladh na leabhar ar an seomra. Shiúil an tOllamh anonn go dtí an tseilf agus d'aimsigh leabhar mór faoi chlúdach leathair. D'oscail sé í, chomharthaigh dom suí ar an gcathaoir agus, nuair a tháinig sé ar

an leathanach a bhí uaidh, thosaigh ag léamh os ard.

'Lá dá raibh Fionn mac Cumhaill ag fiach le Fianna Éireann tháinig an oíche orthu, scaradh Fionn ón bhFiann agus chuaigh sé amú sa choill. Tar éis tamaill tháinig sé ar theach mór i lár na coille. Chuaigh sé isteach sa teach, agus istigh roimhe fuair sé fear óg, seanfhear liath, bean óg álainn, agus reithe. Chuir an fear óg fáilte roimhe agus chuir sé muc ar róstadh dó. Nuair a bhí an fheoil rósta leag sé ar an mbord í agus roinn sé ar gach duine í. Ach níor thug sé aon chuid don reithe. Sula bhfuair duine ar bith deis í a ithe tháinig an reithe de rith, sciob sé an fheoil den bhord agus rug leis isteach sa chúinne í.

'D'éirigh Fionn agus chuaigh sé ag bualadh an reithe lena chlaíomh ach ní raibh sé in ann an fheoil a bhaint de.

'Ar deireadh, d'éirigh an seanfhear, rug sé greim ar cheithre chos ar an reithe, chaith sé amach an doras é agus dhún sé an doras air.

'D'ith siad a gcuid ansin,' arsa an tOllamh, 'réitíodh leaba d'Fhionn agus chuaigh an líon tí a chodladh, cé is moite d'Fhionn mar nach raibh Fionn in ann codladh le méid a ghrá don bhean óg álainn. Ar deireadh, nuair nár chodail sé néal, chuaigh sé go dtí an bhean óg agus dhúisigh sé í. Nuair a d'inis Fionn di faoin ngrá a bhí aige di is é a dúirt sí leis: bhí mé agat cheana agus ní bheidh mé agat arís. Dúirt sí leis imeacht ansin. D'imigh Fionn ar ais go dtí a leaba agus thit a chodladh air.

'Ar maidin nuair a d'éirigh Fionn ní raibh tásc ar an seanfhear ná ar an mbean óg álainn. D'fhiafraigh sé den fhear óg cá raibh siad. Labhair an fear óg agus is é a dúirt sé: an peata reithe a sciob an fheoil ort aréir, sin é saol an duine. Agus an seanfhear a chuir amach é, sin é an aois, mar go bhfaigheann an aois an ceann is fearr ar an duine. Agus an bhean óg a chonaic tú, sin í an óige: bhí sí agat uair amháin agus ní bheidh sí agat arís.

'Ar chloisteáil na bhfocal sin dó ghlac Fionn buíochas leis an bhfear óg, ghabh sé slán aige, agus d'imigh leis sa choill, agus ba ghearr ina dhiaidh sin gur tháinig sé ar an bhFiann arís agus gur fhilleadar ar an tseilg. Ach cé go rabhadar sa choill ag fiach go minic ina dhiaidh sin ní fhaca Fionn ná a mhuintir an teach ná an líon tí riamh ina dhiaidh sin.'

Dhún an tOllamh an leabhar de phrap.

'Sin é do reithe anois,' ar sé, 'agus fainic thú féin ar a chuid adharca.'

D'éirigh mé i mo sheasamh agus ghlac me buíochas leis as an deoch agus na brioscaí, agus as an scéal dár ndóigh. Chroith an tOllamh lámh liom agus d'fhág mé slán aige.

7

Na Buachaillí Arís

An oíche sin nuair a bhí mé ag ithe suipéir sa bhaile le mo mháthair luaigh mé léi go bhfaca mé an tOllamh. Ní dúirt mé tada faoin gcuairt a thug mé ar an teach, dár ndóigh.

'Múinteoir scoile ab ea Mac Uí Bhréartúin,' ar sí. 'Bhíodh sé ag múineadh i Scoil na mBráthar.'

Bhí díomá orm a chloisteáil gur mhúinteoir scoile a bhí san Ollamh. Bhí fonn orm í a cheartú agus insint di faoi na leabhair go síleáil a bhí sa teach aige, ach choinnigh mé greim ar mo theanga. Ollamh a bheadh ann i gconaí, fad is a bhain sé liomsa. Bhí mé in ann é a shamhlú ina sheomra mór leabhar, ag léamh Laidine is Gréigise agus ag breacadh a chuid smaointe le dúch i leabhair mhóra nótaí.

Ar mo bhealach ón scoil an lá dár gcionn chonaic mé an ceoltóir arís. Bhí sé ag siúl go mall suas Sráid an Iarla. Chuala mé ag caint leis féin é agus mé ag dul thairis. Chuimhnigh mé ar an bhfeadóg, agus shocraigh mé dul á tóraíocht tar éis tae, ach bhí obair bhaile le déanamh agam an oíche sin, agus ní raibh mé in ann filleadh ar ghairdín an Ollaimh go dtí an Satharn.

Roimh lón Dé Sathairn, tar éis dom filleadh ó lár an bhaile le hualach málaí ón siopa do mo mháthair, thug mé aghaidh ar ghairdín an Ollaimh. Chuardaigh mé an féar fada in aice leis an mbearna sa bhalla ar dtús, ag ceapadh go dtiocfainn ar an bhfeadóg ann, ach ní raibh tásc uirthi. Tar éis tamaill, nuair a d'éirigh mé tuirseach de sin chuaigh mé ag breathnú go bhfeicfinn an raibh an reithe fós sa ghairdín.

Chuaigh mé síos suas agus timpeall an ghairdín gan teacht air. Ar deireadh chuala mé gártha agus gleo ón gcoill. Sula bhfaca mé ar chor ar bith iad bhí a fhios agam gurb iad na buachaillí ó Scoil Mhuire a bhí tagtha ar ais. D'éalaigh mé go ciúin isteach sna crainn. Bhí an ceart agam. Tháinig mé orthu agus a gcuid pócaí lán le húlla acu agus iad cruinnithe in aice leis an mbearna sa bhalla, san áit a raibh an fheadóg á cuardach agam scaitheamh beag roimhe sin. Bhí an reithe ann freisin agus é á shaighdeadh acu. Bhí an ceathrar acu ag caitheamh maidí leis, ansin ag rith uaidh. Lean an reithe go dtí an bhearna iad, dhreap siad suas ar an mballa agus shuigh siad ar a bharr ag caitheamh úlla beaga anuas air. D'imigh an reithe as raon na n-úll siar i dtreo na gcrann ansin, agus tar éis tamaill chaill sé suim iontu agus thosaigh ag ithe duilleoga ar thaobh an chosáin.

D'éirigh siad féin tuirseach de ansin agus d'imigh siad leo ag glaoch is ag fógairt ar a chéile. D'fhan mé go raibh siad imithe. Bhí mé ar tí seasamh amach as na crainn nuair a chuala mé torann taobh thiar díom. Bhreathnaigh mé agus chonaic mé an tOllamh ag teacht aníos an cosán.

8

Rún an Ollaimh

Chaithfeadh sé gur chuala an reithe freisin é mar d'ardaigh sé a cheann nuair a chuala sé ag teacht é. Shiúil an tOllamh chomh fada leis, chuir sé a lámh ina phóca agus thóg amach briosca. Shín sé a lámh amach chuige agus thaispeáin an briosca seacláide dó. Sciob an reithe glan as a láimh é.

Sheas siad ansin ag breathnú ar a chéile, ansin d'iompaigh an tOllamh ar a shála

agus thosaigh ag siúl ar ais i dtreo an tí.

D'fhan mé i bhfolach go dtí go raibh sé imithe as amharc. D'éirigh mé i mo sheasamh ansin agus shiúil mé thar an reithe i dtreo na bearna.

Bhí mé ar tí dul ag dreapadh nuair a bhreathnaigh mé siar thar mo leiceann agis chonaic mé rud éigin lonrach ar an talamh. An fheadóg! Bhí sí ina luí san fhéar ar thaobh an chosáin. Thóg mé í agus chuimil de mo gheansaí í, á glanadh. Chuir mé gob na feadóige le mo bhéal ansin agus chas mé cúpla nóta. D'ardaigh an reithe a cheann agus bhreathnaigh orm. Chas me cúpla nóta eile, ansin thug mé faoi phort a chasadh. Píosa ceoil a d'fhoghlaim mé ar scoil. Shuigh mé ar chloch agus chas mé an port, go místuama, ach ba léir nár chuir sé sin as don reithe.

Nuair a bhí an port seinnte agam chuala mé torann éigin in aice liom. Sheas an tOllamh amach as na crainn agus bhuail a dhá bhos ar a chéile.

'Ardfhear,' ar sé. 'Thaitin sé sin go mór liom. An gcasfá ceann eile?'

Bhain sé geit asam mar nach raibh mé ag súil leis.

'Má insíonn tú scéal eile dom,' arsa mise go dána.

'Geallaim go n-inseoidh,' arsa an tOllamh.

Sular thug mé faoin gcéad phort eile mhínigh mé dó nach raibh mórán ceoil ar eolas agam.

Nuair a bhí sé seinnte agam bhí an tOllamh ina shuí ar an bhféar in aice liom.

'Tá mo rún ar eolas agat,' ar sé.

'An reithe?' arsa mise.

'Níl a fhios agam cé as ar tháinig sé,' arsa an tOllamh. 'Bhí sé anseo maidin amháin cúpla mí ó shin, agus tá sé anseo ó shin. Fágaim an geata ar oscailt dó, ionas go mbeidh sé in ann teacht nó imeacht mar is mian leis. Caitheann sé an lá anseo agus téann sé amach ar na sráideanna san oíche. Deir mo bhean go mbíonn sé ag ithe na bplandaí agus ag milleadh an ghairdín. Is dócha go bhfuil an ceart aici, ach ina dhiaidh sin féin níl ann ach reithe. Peata reithe, mar atá sa scéal.'

Fad agus a bhí an tOllamh ag insint a scéil bhí an reithe ag breathnú go ciúin orainn.

Nuair a d'fhág mé slán aige gheall mé dó nach sceithfinn a rún le duine ar bith,

agus thug sé cuireadh dom teacht ag
breathnú ar an reithe am ar bith ba
mhian liom.

9
An Fheadóg

In áit filleadh díreach ar an teach shocraigh mé dul chomh fada leis an Tobar ar dtús, féachaint an raibh an ceoltóir fós ann.

Casadh orm é ag bun Shráid an Iarla, taobh amuigh den bhácús, é ina sheasamh, droim le balla, ag breathnú uaidh. Chuaigh mé suas go dtí é agus shín mé an fheadóg chuige. Ní fhaca sé mé nó go raibh an fheadóg sáite faoina shrón agam. Sciob sé an fheadóg as mo láimh.

'A scabhaitéir!' ar sé de bhéic, agus phreab sé chugam de léim agus a lámh amuigh aige le greim a fháil orm. 'A ghadaí bhréin. Múinfidh mise béasa duit!'

Chas mé ar mo shála agus thug mé do na bonnacha é, an ceoltóir fágtha i mo dhiaidh agam agus gach uile bhéic as. Nuair a bhain mé doras mo thí amach stop mé agus bhreathnaigh mé síos an tsráid go bhfeicfinn cé acu an raibh sé ag teacht i mo dhiaidh nó nach raibh. Bhí sé ina sheasamh san áit ar fhág mé é, taobh amuigh de Bhácús Uí Chianáin agus an fheadóg á scrúdú go géar aige. Ba léir go raibh mise dearmadta aige. Chuir sé an fheadóg lena bhéal agus thosaigh á casadh. Bhí mé in ann é a chloisteáil go soiléir agus na nótaí binne ceoil ag éirí san aer. Osclaíodh doras an tí agus sháigh

mo mháthair a cloigeann amach agus sheasamar ansin, an bheirt againn, ag éisteacht le ceol na feadóige.

Foclóir

An Reithe: *Is é an reithe an fireannach. Is í an chaora an baineannach, agus is é an t-uan an ceann óg.*

cuma an chantail: *Tá cuma an chantail ar dhuine nuair is léir air go bhfuil sé míshásta.*

ladar: *Spúnóg mhór atá sa ladar, ach deirtear faoi dhuine a bhain le rud nach mbaineann dó, gur chuir sé a ladar ann.*

bréan: *An rud atá bréan tá drochbholadh air.*

súile buile. *Súile an gheilt nó súile an té atá as a mheabhair.*

Rinne sé rud orm. *Rinne sé an rud a bhí mé ag iarraidh air a dhéanamh.*

Chuir mé fainic ar an nGarda. *Dúirt mé leis an nGarda a bheith cúramach.*

fogha. *Is ionann fogha a thabhairt faoi dhuine agus ionsaí tobann a dhéanamh air.*

Bheadh thiar orm. *Bheinn buailte, nó bheadh droch-chaoi orm.*

de thuairt. *De phlimp, de phlab nó de phléasc.*

ar an bplásóg. *Áit chothrom a bhfuil féar ag fás ann.*

ar an mbinn. *Is í binn an tí an balla a bhfuil barr triantánach uirthi faoi dhíon an tí. Is iondúil go mbíonn dhá bhinn ar theach.*

poll folaigh. *Áit ina mbíonn duine nó rud i bhfolach.*

a chúiteamh leat. *Is ionann rud a chúiteamh le duine agus rud a thabhairt dó as obair éigin a rinne sé.*

as raon. *Nuair a d'imigh an reithe as raon, ní raibh sé ar chumas na mbuachaillí na húlla a chaitheamh leis níos mó.*

A scabhaitéir! *A bhligeaird!*

An Gruagach

Agus madraí á ngoid ar fud an
bhaile, tagann fear mór dubh agus
bean óg fhionn chun cónaithe in
Uimhir 2, Sráid an Gheata Bhig.
Nuair a imíonn an madra béal
dorais gan tásc ná tuairisc cuireann
Mártan spéis sna comharsana nua.
Ach cé hé an Gruagach? Agus cé
atá ag fuadach na madraí?

www.leabharbreac.com

Sa tSraith Chéanna:

An Gabha agus an Bhean Rua

Tar éis casadh le cailín beag
bricíneach sa tsráid, tugtar Mártan
ar cuairt ar ghabha mistéireach ina
cheárta. Níos deireanaí, cuirtear in
aithne é d'amhránaí álainn rua.
Ach cá bhfuil cónaí ar an mbean
rua agus a hiníon? Agus cé hé an
gabha a bhfuil ceárta rúnda aige
taobh thiar den gharáiste?

www.leabharbreac.com

Céadtach
Mac Rí na gCor

Leabhar agus Dlúthdhiosca

Insint bhreá bhríomhar ar cheann
de na seanscéalta ab ansa lenár
muintir agus í maisithe le pictiúir
dhaite, mar aon le dlúthdhiosca
de Mhícheál Ó Conaola
i mbun scéalaíochta.

www.leabharbreac.com

SCÉALTA STAIRE

Gráinne Mhaol Ní Mháille

Tá Gráinne Mhaol ar dhuine de na
mná is clúití i stair na nGael.
Mairnéalach cróga a bhí inti,
máthair, agus bean taoisigh,
de shliocht uasal Uí Mháille.
Óna caisleán ar oileán Chliara
thug sí dúshlán na bhfear
ar muir agus ar tír.

www.leabharbreac.com

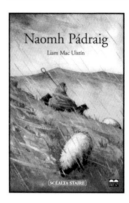

Naomh Pádraig

Míle sé chéad bliain ó shin
tugadh buachaill óg go hÉirinn
mar sclábhaí. Chaith sé blianta
fada uaigneacha ag tabhairt aire
do mhuca is do chaoirigh ar
Shliabh Mis. Ansin d'éalaigh sé,
agus é de rún aige na Gaeil a
thabhairt chun na Críostaíochta.
Patricius a bhí ar an mbuachaill
sin, nó Naomh Pádraig.

www.leabharbreac.com

SCÉALTA STAIRE

Toirealach Ó Cearúlláin

Bhí an cláirseoir dall,
Toirealach Ó Cearúlláin,
ar dhuine de na ceoltóirí agus
cumadóirí ba mhó in Éirinn riamh.
Tugann a scéal léargas dúinn
ar stair, ar chultúr, agus ar
ealaín na nGael.

www.leabharbreac.com